AF359211

RITUEL RÉPUBLICAIN.

FÊTE DE L'UNITÉ,

Exécutée, à Paris, le 10 Août 1793.

Prix

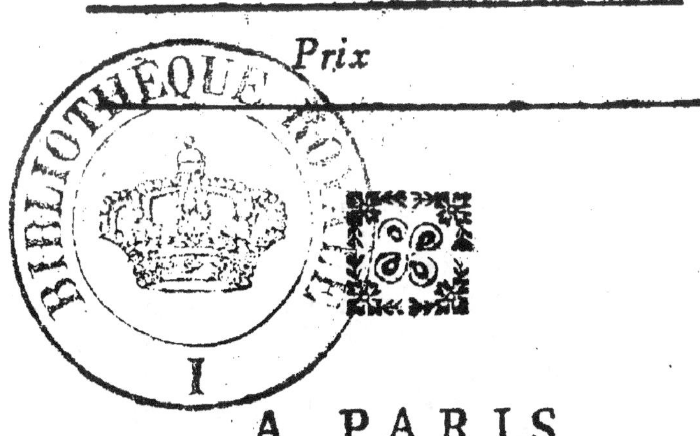

A PARIS,

Chez AUBRY, Libraire, rue Baillet,
entre celles de la Monnoie et de
l'Arbre-sec, n°. 2.

An II de la République.

AVIS.

QUELQUES personnes n'aiment pas le titre de *Rituel*, que nous avons donné à notre collection, à cause des idées fanatiques qu'il rappelle ; nous sommes entièrement de leur avis ; cependant, après avoir cherché long-temps un titre qui précise aussi bien son objet, après sur-tout nous être assurés que les mots *Bréviaire*, *Eucologe*, *Missel*, *Culte*, *Office*, *Lithurgie*, lui convenaient encore moins, nous nous sommes cru obligés de l'adopter définitivement, et de le préférer même à un mot que nous aurions pu créer tout exprès, et qui n'aurait pas été aussi significatif.

Ce qui doit particulièrement reconcilier avec ce mot, c'est l'épithète *Républicain* que nous lui donnons. Qui ne conviendra en effet que par *Rituel Républicain*, on doit entendre des *cérémonies républicaines*, des *hymnes républicaines*, des *discours républicains* ; bref, tout ce qui doit être à l'usage des Républicains, et non des cérémonies puériles et ridicules que nous avons eu tant de raison de proscrire, et que nous devons rougir d'avoir pratiqué ; ainsi donc que ceux que ce mot pourrait effaroucher encore, n'y voyent que ce qu'il doit signifier, ils auront bientôt reconnu que ce ne sont pas les mots qui font les choses, mais l'intention que l'on a de leur donner une acception perfide et dangereuse ; et que s'il ne s'agit pour nuire, que de trouver des prétextes, nos ennemis, pour le sûr, n'en manqueront pas.

FÊTE DE L'UNITÉ.

DÉTAIL des cérémonies, et de l'ordre à observer dans la fête de l'Unité, le 10 août 1793, d'après le rapport de David, député à la convention nationale.

LES Français réunis pour célébrer la fête de l'Unité et de l'Indivisibilité, se leveront avant l'aurore; la scène touchante de leur réunion sera éclairée par les premiers rayons du soleil : cet astre bienfaisant, dont la lumière s'étend sur tout l'univers, sera pour eux le symbole de la vérité, à laquelle ils adresseront des louanges et des hymnes.

Première station.

Le rassemblement se fera sur l'emplacement de la Bastille : au milieu de ses décombres, on verra s'élever la fontaine de *Régénération*, représentée par la Nature. De ses fécondes mammelles, qu'elle pressera de ses mains, jaillira avec abondance l'eau pure et salutaire, dont boiront tour-à-tour quatre-vingt-six commissaires des envoyés des Assemblées primaires, c'est-à-dire, un par Département; le plus ancien d'âge aura la préférence; une seule et même coupe servira pour tous.

Le Président de la convention nationale, après avoir arrosé le sol de la liberté, boira le premier; il fera successivement passer la coupe aux commissaires des envoyés des assemblées primaires; une salve d'artillerie, à chaque fois qu'un commissaire aura bu, annoncera la consommation de l'acte de fraternité.

Alors on chantera sur l'air chéri des enfans de Marseille, des strophes analogues à la cérémonie.

Le cortège dirigera sa marche par les boulevards. En tête seront les Sociétés populaires réunies en masse : elles porteront une bannière sur laquelle sera peint l'œil de la Surveillance pénétrant un épais nuage.

Le second grouppe sera formé par la Convention nationale, marchant en corps. Chacun de ses membres portera à la main un bouquet formé d'épis de bled. Huit d'entr'eux porteront sur un brancard une arche : elle sera ouverte, et elle renfermera les tables sur lesquelles seront gravés les Droits de l'homme et l'Acte constitutionel.

Les commissaires envoyés des Assemblées primaires des quatre-vingt-six Départemens formeront une chaîne autour de la Convention nationale ; ils seront unis les uns aux autres par le lien léger, mais indissoluble, de l'unité et de l'indivisibilité, que doit former un cordon tricolor. Chacun d'eux sera distingué par une pique, portion du faisceau qui lui aura été confiée par son Département, et par une branche d'olivier.

Le troisième grouppe sera composé par toute la masse respectable du Souverain.

Parmi cette nombreuse et industrieuse famille, on remarquera surtout un char vraiment triomphal que

A 3

formera une simple charrue, sur laquelle seront assis un vieillard et sa vieille épouse, traînés par leurs propres enfans, exemple touchant de la piété filiale, et de vénération pour la vieillesse ; parmi les attributs de tous ces différens métiers, on lira ces mots écrits en gros caractères :

Voilà le service que le peuple infatigable rend à la société humaine.

Un groupe militaire succédera à celui-ci ; il conduira en triomphe un char attellé de huit chevaux blancs ; il contiendra une urne, dépositaire des cendres des héros morts glorieusement pour la patrie. La marche sera fermée par un détachement d'infanterie et de cavalerie, dans le centre duquel seront traînés des tombereaux revêtus de tapis parsemés de fleurs-de-lys, et chargés des dépouilles des vils attributs de la royauté et de tous ces orgueilleux hochets de l'ignorante noblesse. Parmi ces tombereaux, sur des bannières, on lira ces mots :

Peuple, voilà ce qui a fait toujours le malheur de la société humaine.

Seconde station.

Le cortège étant arrivé dans cet ordre au boulevart Poissonnière, on rencontrera sous un portique ou arc de triomphe, les héroïnes des 5 et 6 octobre 1789 assises, comme elles étaient alors, sur leurs canons; elles recevront des mains du président de la Convention nationale une branche de laurier.

Sur le monument il y aura pour inscription :

Ainsi qu'une vile proie, elles ont chassé le tyran devant elles.

Troisième station.

Citoyens, nous sommes arrivés à l'immortelle et impérissable journée du 10. C'est sur la place de la révolution, c'est à l'endroit où est mort le tyran, qu'il convient de la célébrer.

Sur les débris existans du piedestal de la tyrannie, sera élevée la statue de la liberté, dont l'inauguration se fera avec solemnité; là, dans le plus profond silence, seront offerts en sacrifice expiatoire les attributs de la

royauté, les quatre-vingt-six commissaires, chacun une torche à la
main, s'empresseront à l'envi d'y
mettre le feu. La mémoire du tyran
sera dévouée à l'exécration publique,
et aussitôt après, des milliers d'oiseaux
rendus à la liberté, portant à leur col
de légères banderolles, prendront
leur vol rapide dans les airs, et porteront au ciel le témoignage de la liberté rendue à la terre.

Quatrième station.

La quatrième station se fera sur la
place des Invalides; au milieu de la
place, sur la cime d'une montagne,
sera représenté en sculpture, par une
figure colossale, le *Peuple français*,
de ses bras vigoureux rassemblant le
faisceau départemental, l'ambitieux
fédéralisme sortant de son fangeux
marais, d'une main écartant les ro-
seaux, il s'efforce de l'autre d'en détacher quelque portion; le peuple
français l'apperçoit, prend sa massue,
le frappe, et le fait rentrer dans ses
eaux croupissantes, pour n'en sortir
jamais.

Cinquieme station.

Enfin, la cinquième et dernière station aura lieu au Champ-de-Mars.

Arrivés dans le Champ-de-Mars, le président de la Convention nationale, la Convention nationale, les quatre-vingt-six commissaires des envoyés des assemblées primaires, les envoyés des assemblées primaires, monteront les degrés de l'autel de la patrie. Pendant ce tems, chacun ira attacher son offrande au pourtour de l'autel, les fruits de son travail, les instrumens de son métier ou de son art.

Cette cérémonie terminée, le peuple se rangera autour de l'autel : là, le président de la Convention nationale ayant déposé sur l'autel de la patrie tous les actes de recensement des votes des assemblées primaires, le vœu du peuple français sur la Constitution sera proclamé en présence de tous les envoyés du souverain, et sous la voûte du ciel. Le peuple fera serment de la défendre jusqu'à la mort; une salve générale annoncera cette sublime protestation : le serment fait, les quatre-vingt-six commissaires des assemblées primaires s'avanceront vers le président de la Convention ; ils lui remettront chacun la portion du faisceau qu'il ont porté à la main tout le tems de la marche ; le président s'en saisira ; il les réunira toutes ensemble avec un ruban tricolor, puis il remettra au peuple le faisceau étroitement uni, en lui représentant qu'il sera invincible s'il ne se divise pas ; il lui remettra aussi l'arche qui renferme la constitution ; il prononcera à haute voix : *peuple, je remets le dépôt de la constitution sous la sauve--garde de toutes les vertus.* Le peuple s'en emparera respectueusement, il le portera en triomphe, et des baisers fraternels mille fois répétés termineront cette scène nouvelle et touchante.

Le détail suivant est une espèce de répétition de celui qui précède ; mais il fera connaître avec quelle scrupuleuse exactitude, cette cérémonie a été exécutée.

DÉTAIL SUCCINCT

SUR LA CÉLÉBRATION DE LA FÊTE
DE L'UNITÉ.

La fête de l'Unité et de l'Indivisibilité de la république a été célébrée le 10 août, à Paris, avec cette pompe et cette solemnité digne d'un peuple libre et républicain. Ce n'était plus, comme du tems des Lafayette et des Capet, un camp ou une marche militaire dont la partie la plus essentielle et la plus intéressante de la société était bannie, mais c'était la réunion fraternelle et imposante du peuple qui, sans armes et paré d'une simple verdure, venait librement exprimer son vœu sur le gouvernement qu'il voulait adopter, et jurer dans des embrassemens mutuels, l'unité et l'indivisibilité de la république, la liberté, l'égalité, la fraternité ou la mort. Que n'avez-vous pu voir ce spectacle sublime,

tyrans sanguinaires, ligués contre la
liberté d'un grand peuple ! vous au-
riez alors reconnu combien sont in-
sensés les projets que vous avez formés
pour l'asservir. Oui, tout nous le
présage ; ce sera l'époque fortunée
de la régénération universelle et de
la félicité des peuples.

CETTE fête a offert un spectacle si
beau aux yeux attendris des amis de
la liberté, elle promet d'ailleurs un
avenir si consolant, que nous croyons
devoir en recueillir jusqu'aux plus
légères circonstances.

La journée était superbe; le ciel,
qui était pur et serein , semblait
sourire aux accens de joie d'un peuple
libre. Le lieu du rassemblement était
la place de la Bastille : sur les pierres
qui restent encore des ruines de cette
antique forteresse du despotisme, on
lisait avec un sentiment d'horreur
et d'indignation les inscriptions sui-
vantes : monumens parlans du despotisme qui y entassait ses victimes :

INSCRIPTIONS.

Un vieillard a baigné cette pierre de ses
larmes.

Le corrupteur de ma femme m'a plongé dans ces cachots.

Des enfans avides m'ensevelirent ici.

Cette pierre n'a jamais été éclairée.

La vertu conduisait ici.

Je n'ai jamais été consolé

Je suis enchaîné depuis quarante ans à cette pierre.

Ils ont couvert mes traits d'un masque de fer.

Sartine sourit à mes maux.

Lascate ogni esperanza voi chentraté.

Je fus oublié.

Mes enfans ! ô mes chers enfans !

O mon mari ?

L'enfer a vomi les rois.

L'enfer a vomi les prêtres.

On écrasa sous mes yeux mon araignée fidèle.

Je ne dors plus.

Il y a quarante-quatre ans que je meurs.

Au milieu des décombres de la Bastille, s'élevait la fontaine de la régénération, représentée par la nature portant cette inscription : *Nous sommes tous ses enfans.*

De ses fécondes mammelles, qu'elle

pressait de ses mains, jaillissait avec abondance une eau pure et salutaire. Le Président de la Convention, après avoir, par une espèce de libation, arrosé le sol de la liberté, et après avoir bu de l'eau régéneratrice qui jaillissait de cette fontaine, a prononcé ce discours :

Souveraine du sauvage et des nations éclairées : ô Nature ! ce peuple immense rassemblé aux premiers rayons du jour devant ton image, est digne de toi : il est libre. C'est dans ton sein, c'est dans tes sources sacrées qu'il a recouvré ses droits, qu'il s'est régénéré. Après avoir traversé tant de siècles d'erreurs et de servitude, il fallait rentrer dans la simplicité de tes voies pour retrouver la Liberté et l'Egalité. O Nature ! reçois l'expression de l'attachement éternel des Français pour tes lois, et que ces eaux fécondes qui jaillissent de tes mammelles, que cette boisson pure qui abreuva les premiers humains, consacrent dans cette coupe de la fraternité et de l'égalité, les sermens que te fait la France en ce jour, le plus beau qu'ait éclairé le soleil depuis qu'il a été suspendu dans l'immensité de l'espace.

Ce discours fini, le Président de la Convention a fait passer la coupe à quatre-vingt-six commissaires des assemblées primaires, doyens d'âge de leur députation. Ils étaient appellés par ordre alphabétique, au son de la caisse et de la trompette. Une salve d'artillerie, chaque fois qu'un commissaire buvait annonçait la consommation de cet acte de fraternité.

Après que le quatre-vingt-sixième commissaire a eu bu dans la coupe fraternelle, une décharge générale d'artillerie a annoncé le départ du cortège. Il a dirigé sa marche par les boulevards. Le premier groupe était formé des sociétés populaires réunies en masse : elles portaient une bannière sur laquelle était peint l'œil de la surveillance, pénétrant un épais nuage.

Le second groupe était composé de la Convention nationale : chacun de ses membres portait un bouquet formé d'épis de bled et de différens fruits : huit d'entr'eux portaient sur un brancard une arche ouverte, destinée à renfermer les tables sur lesquelles seront gravés les droits de l'homme et l'acte constitutionnel.

Les commissaires des envoyés des assemblées primaires des 86 départemens formaient une chaîne autour

de la Convention. Chacun d'
était distingué par une pique, po
du faisceau qui lui a été confiée
son département, qu'il tenait d.
main, avec une banderolle, sur laquelle était écrit le nom de son département; et par une branche d'olivier, symbole de la paix, qu'il tenait de l'autre main. Les envoyés
des assemblées primaires portaient
également à la main la branche d'o-
livier.

C'était un spectacle vraiment ra-
vissant que celui qu'offrait le grouppe
des envoyés des assemblées primaires.
La masse imposante qu'il présentait,
la gaîté de tous les visages, l'énergie
qui brillait dans tous les yeux,
peignaient admirablement bien la
vigueur du corps politique du peuple
français, en même-tems que le courage avec lequel il est disposé à com-
battre les despotes coalisés contre sa
liberté.

Le troisième grouppe était formé
de toute la masse respectable du Souverain.

Ici tout était confondu : l'on voyait

le président du conseil exécutif pro-
pire, sur la même ligne que le
bûcheron ; le maire avec son écharpe,
à côté du bûcheron ou du maçon ; le
juge dans son costume et son chapeau
à plumes, auprès du tisserand et du
cordonnier ; le noir Africain, qui ne
diffère que par la couleur, marchait
à côté du blanc Européen. Les inté-
ressans élèves de l'institution des
aveugles étaient traînés sur un pla-
teau roulant : un char vraiment triomphal, que formait une simple charrue,
conduisait un vieillard et sa vieille
épouse, il était traîné par leurs propres enfans. Sur les attributs de tous
ces différens métiers, on lisait ces
mots écrits en gros caractères : *Voilà
le service que le peuple infatigable
rend à la société humaine.* Parmi les
différens attributs des arts et métiers
portés en triomphe, on distinguait la
presse, cette redoutable égide contre
la tyrannie ; on y avait gravé ces
mots: *sans elle, point de liberté.*

Un groupe militaire conduisait
en triomphe un char attelé de huit
chevaux blancs ; il contenait une urne

dépositaire des cendres des héros
morts glorieusement pour la patrie.
Ce char, orné de guirlandes et de
couronnes civiques, était entouré des
parens de ceux dont on célébrait les
vertus et le courage ; ces citoyens,
de tout âge et de tout sexe, avaient
chacun des couronnes de fleurs à la
main ; des cassolettes brûlaient des
parfums autour du char, et une mu-
sique militaire faisait retentir l'air de
ses sons belliqueux. Enfin, la marche
était fermée par un détachement d'infanterie et de cavalerie, dans le centre
duquel étaient traînés des tombereaux
revêtus de tapis parsemés de fleurs-de-
lys, et chargés des dépouilles des attributs de la royauté et de la noblesse.
Parmi ces tombereaux, sur des bannières, on lisait ces mots : *Peuple !*
voilà ce qui a fait toujours le malheur
de la société humaine.

Le cortège est arrivé dans cet ordre
au boulevart Poissonnière, où était
élevé un arc de triomphe.

Sur la première face de l'arc, on
lisait cette inscription :

5 *et* 6 *octobre.* Le peuple, comme un tor-

rent, inonda leurs portiques; ils disparurent.

Sur la seconde face :

Comme une vile proie, elles ont chassé le tyran devant elles.

Sur un côté :

Sa justice est terrible.

Sur l'autre :

Sa clémence est extrême.

Sous ce portique se trouvaient les héroïnes des 5 et 6 octobre 1789, assises, comme elles l'étaient alors, sur leurs canons. Les unes portaient des branches d'arbres ; les autres des trophées, signes non équivoques de la victoire éclatante que ces courageuses citoyennes remportèrent sur les serviles gardes-du-corps. Là, elles ont reçu une branche de laurier du Président de la Convention qui leur a parlé en ces termes :

QUEL spectacle ! la faiblesse du sexe et l'héroisme du courage ! O Liberté ! ce sont là tes miracles ! c'est toi qui, dans ces deux journées où le sang, à Versailles, commença à expier les crimes des rois, allumas dans le cœur de quelques femmes, cette audace qui fit fuir ou tomber devant elles les satellites des tyrans ! Par toi, sous des mains délicates, roulèrent ces

bronzes, ces bouches à feu qui firent entendre
à l'oreille d'un roi le tonnerre, augure du
changement de toutes les destinées. Le culte
que t'ont voué les Français, a été impérissable
à l'instant où tu es devenue la passion de leurs
compagnes. O femmes! la liberté attaquée par
tous les tyrans, pour être défendue, a besoin
d'un peuple de héros. C'est à vous à l'enfanter.
Que toutes les vertus guerrières et généreuses
coulent, avec le lait maternel, dans le cœur des
nourrissons de la France! Les Représentans du
peuple souverain, au lieu de fleurs qui parent
la beauté, vous offrent le laurier, emblême
du courage et de la victoire. Vous le trans-
mettrez à vos enfans.

Puis, faisant tourner leurs canons,
elles se sont réunies au souverain,
et toujours dans une attitude fière,
elles ont suivi en ordre la marche du
cortège qui est parvenu sur la place
de la révolution.

Sur les débris du piédestal de la
statue de Louis XV, était élevée la
statue de la Liberté, dont l'inauguration s'est faite avec solemnité : des
chênes touffus formaient autour d'elle
une masse imposante d'ombrage et de
verdure; le feuillage était couvert des
offrandes de tous les Français libres.
Rubans tricolores, bonnets de la Liberté, hymnes, inscriptions, peintures,

tels sont les fruits qui plaisent à la déesse : à ses pieds était un énorme bûcher, avec des gradins au pourtour.

Ici, s'est écrié le Président de la convention, ici la hache de la loi a frappé le tyran. Qu'ils périssent aussi ces signes honteux d'une servitude que les despotes affectaient de reproduire sous toutes les formes, à nos regards; que la flamme les dévore, qu'il n'y ait plus d'immortel que le sentiment de la vertu qui les a effacés. Justice ! vengeances ! divinités tutélaires des peuples libres, attachez à jamais l'exécration du genre humain au nom du traître, qui, sur un trône, relevé par la générosité, a trompé la confiance d'un peuple magnanime ! Hommes libres ! peuple d'égaux, d'amis et de frères, ne composez plus les images de votre grandeur que des attributs de vos travaux, de vos talens, et de vos vertus : que la pique et le bonnet de la Liberté, que la charrue et la gerbe de bled, que les emblêmes de tous les arts, par qui la société est enrichie, embellie, forment désormais toutes les décorations de la République. Terre sainte ! couvre-toi de ces biens réels qui se partagent entre tous les hommes, et deviens stérile pour tout ce qui ne peut servir qu'aux jouissances exclusives de l'orgueil !

C'est après ce discours, dans le plus profond silence, qu'ont été offerts en sacrifice expiatoire les attributs de la royauté : là, en présence de la déesse chérie des Français, les 86 comminis-

saires, chacun une torche à la main,
se sont empressés à l'envi d'y mettre
le feu; et aussi-tôt après, des milliers
d'oiseaux rendus à la Liberté, portant
à leurs cols de légères banderolles, ont
pris leur vol rapide dans les airs, et
ont porté au ciel le témoignage de la
liberté rendue à la terre.

Le cortège s'est rendu sur la place
des Invalides : au milieu de la place,
sur la cîme de la montagne, était représenté en sculpture, par une figure
colossale, le *Peuple Français*, portant cette inscription :

L'aristocratie a pris cent formes diverses; le
peuple tout-puissant l'a par-tout terrassée.

De ses bras vigoureux il rassemblait
le faisceau départemental; l'ambitieux
fédéralisme sortait de son fangeux
marais; d'une main il écartait les ro-
seaux, et s'efforçait de l'autre d'en
détacher quelque portion. Le Peuple
Français l'apperçoit, prend sa massue,
le frappe, et le fait rentrer dans ses
eaux croupissantes, pour n'en sortir
jamais. Là, le cortège s'arrête, et le
Président de la convention prenant
la parole, dit :

Peuple Français ! te voilà offert à tes propres regards, sous un emblême fécond en leçons instructives. Ce géant dont la main puissante réunit et rattache en un seul faisceau, les départemens qui font sa grandeur et sa force, c'est toi. Ce monstre dont la main criminelle veut briser le faisceau, et séparer ce que la nature a uni, c'est le fédéralisme.

Peuple dévoué à la haine et à la conjuration de tous les despotes, conserve toute ta grandeur pour défendre ta Liberté; qu'une fois au-moins, sur la terre, la puissance soit alliée à la vérité et à la justice. Fais à ceux qui veulent te diviser la même guerre qu'à ceux qui veulent t'anéantir ; car ils sont également coupables. Que tes bras, étendus de l'Océan à la Méditerrannée, et des Pyrennées au Jura, embrassent par-tout des frères, des enfans. Retiens sous une seule loi et sous une seule puissance une des plus belles portions de ce globe ; et que les peuples esclaves, qui ne savent admirer que la force et la fortune, témoins de ses vastes prospérités, sentent le besoin de s'élever comme toi à cette liberté qui t'a fait l'exemple de la terre.

Le cortège s'est ensuite acheminé vers le Champ-de-Mars : avant d'y entrer, on a rendu un hommage éclatant à l'Égalité par un acte authentique : on a passé sous un portique, dont la nature seule semblait avoir fait tous les frais : deux termes, symboles de l'Egalité et de la Liberté, ombragés par un épais feuillage , séparés et en face l'un de l'autre, tenaient, à une distance proportionnée, une guirlande tricolore et tendue, à laquelle était suspendu un vaste niveau, le niveau national ; il planait sur toutes les têtes indistinctement.

Entrés dans le Champ-de-Mars, le Président de la Convention nationale, les 86 commissaires des assemblées primaires, les envoyés des assenblées primaires , ont monté les dégrés de l'autel de la Patrie, le peuple s'est rangé autour de l'autel ; là, le Président de la Convention nationale, ayant déposé sur l'autel de la Patrie tous les actes de recensement des votes des assemblées primaires, le vœu du Peuple Français a été proclamé par lui, en présence des envoyés du souverain, et sous la voûte du ciel, en ces termes :

FRANÇAIS , vos mandataires ont interrogé dans 86 départemens votre raison et votre conscience sur l'acte constitutionnel qu'ils vous ont présenté ; 86 départemens ont accepté l'acte constitutionnel : jamais un vœu plus unanime n'a organisé une République plus grande et plus populaire. Il y a un an, notre territoire était occupé par l'ennemi ; nous avons proclamé la République, nous fûmes vainqueurs. Maintenant, tandis que nous constituons la France, l'Europe l'attaque de toute parts ; JURONS de défendre la constitution jusqu'à la mort : la République est éternelle.

Le Peuple Français a fait alors le serment de défendre la constitution jusqu'à la mort : le serment fait, les 86 commissaires des assemblées primaires ont remis au Président de la Convention la portion du faisceau qu'ils avaient porté à la main tout le tems de la marche. Le Président les a attachées toutes ensemble avec un ruban tricolor ; puis il a remis au peuple le faisceau étroitement uni, en lui représentant qu'il sera invincible, s'il ne se divise pas ; il lui a remis aussi l'arche qui renferme la constitution. Le Président a prononcé à haute voix : « Peuple ! je remets » le dépôt de la constitution *sous la* » *sauve-garde de toutes les vertus.* » Le peuple s'en est emparé respectueusement ; il l'a porté en triomphe, et des accolades mille fois répétées ont terminé cette scène touchante.

Le Président de la Convention,

s'adressant ensuite aux mânes des guerriers morts pour la patrie, a dit :

Au moment où nous venons de proclamer solemnellement , en présence du peuple français , l'acceptation de l'acte constitutionnel , pourrions-nous ne pas couronner cette auguste journée par le touchant adieu que nous devons à ceux de nos frères qui ont succombé dans les combats ! Ils ont été privés de concourir à la constitution de leur pays , ils n'ont pas dicté les articles de la liberté française ; mais ils les avaient préparés , inspirés par leur dévouement héroïque. Hommes intrépides ! je vous salue avec respect , je vous embrasse au nom du peuple français ; je dépose sur vos restes protecteurs la couronne de lauriers que la Convention nationale et la patrie vous présentent. Ce ne sont pas des pleurs que nous donnerons à votre mémoire ; l'œil de l'homme n'est pas fait pour en répandre. Pourquoi ces larmes ? serait-ce pour vos parens et vos amis ? Votre renommée les console. Ils se sont dit que vous étiez fortunés de reposer dans la gloire ; ils n'ont jamais pu souhaiter que vous fussiez exempts du trépas , mais dignes d'avoir vécu. Serait-ce pour vous ? Ah ! combien vous avez été heureux ! vous êtes morts pour la patrie , pour une terre chérie de la Nature , aimée du Ciel ; pour une nation généreuse qui a voué un culte à tous les sentimens , à toutes les vertus ; pour une République où les places et les récompenses ne sont plus réservées à la faveur comme dans les autres états, mais assignées par l'estime et par la confiance ; vous vous êtes donc acquités de votre fonction d'hommes, et d'hommes français ; vous êtes entrés sous la tombe après avoir rempli la destinée la plus glorieuse et la plus désirable qu'il y ait sur la terre ; nous ne vous outragerons point par des pleurs.

Mais, ô nos frères ! c'est en vous admirant, c'est en vous imitant, que nous voulons vous honorer; et si, comme il est doux de le supposer quand on aime, les morts conservent quelques sentimens pour ceux qui vivent, je viens vous dire au nom de tous vos amis que vous avez laissés sur le sol de la France, que nous sommes prêts à nous dévouer, à votre exemple, impatiens d'atteindre l'ennemi et de continuer votre valeur, afin qu'on dise que vous étiez vraiment nos proches et que vos cœurs s'en réjouissent. Je viens vous dire que nous tâcherons même de vous surpasser : car si nous ne faisions que consommer le fonds de gloire que vous nous avez légué, si nos vertus ne lutaient pas avec les vôtres, vous seriez aussi humiliés de cette triste supériorté, que nous sommes en ce jour flattés de celle que vous avez sur nous. La mort moissonne également le lâche et le brave ; quand la destinée nous rappellerait près de vous, comment pourrions-nous supporter votre accueil ? Une voix terrible s'écrierait : *Vous combattiez cependant pour la justice et pour la liberté !* Non chers concitoyens ! Guerriers magnanimes ! Nous serons dignes de vous : nous n'aurons à recevoir que vos embrassemens, vos éloges : nous vous aurons vengés; nous vous raconterons que nos mains ont achevé votre ouvrage ; que vos armes, dont nous avons hérité, étaient invincibles ; que la République triomphe : cette République qui à elle seule, tient tête à tous les tyrans, à toutes les passions conjurées, à tous les peuples qui se deshonorent ; cette République que l'humanité a chargé de sa cause, et qui doit sauver l'Univers.

Il a remis ensuite au peuple l'urne cinéraire, après l'avoir couronnée de lauriers sur l'autel de la Patrie. Le peuple s'en est majestueusement emparé ; il l'a déposée dans l'endroit désigné, pour y être élevé par la suite une superbe pyramide. Le terme de toutes ces cérémonies était un banquet frugal; le peuple, assis fraternellement sur l'herbe, et sous des tentes pratiquées à cet effet au pourtour de l'enceinte, a confondue avec ses frères la nourriture qu'il avait apportée. Enfin, des danses et des chants d'allégresse ont terminé cette fête mémorable et touchante.